최병관 시집

씨 밤

씨 밤

초판 1쇄 발행일 2024년 12월 25일

지은이 최병관
펴낸이 곽혜란
편집장 김명희
디자인 김지희

도서출판 문학바탕
주소 (07333) 서울시 영등포구 여의대방로 379 제일빌딩 704호
전화 02)545-6792
팩스 02)420-6795
출판등록 2004년 6월 1일 제 2-3991호

ISBN 979-11-93802-13-7 (03810)
정가 12,000원

* 이 책의 저작권은 저자에게 있으며 이 책의 전부 또는 일부를
  이용하시려면 저작권자의 서면동의를 받아야 합니다.
* 이 책은 국립중앙도서관, 국회도서관 홈페이지에서 검색 가능합니다.
* 문학바탕, 필미디어는 (주)미디어바탕의 출판브랜드입니다.

시인의 말

세월 지나
낙엽 지는 계절
황혼길 나그네로 만났으니

가슴속 떠도는 말들
보듬고 다듬어
서녘 하늘 물들이는 시가 되면

노을처럼 살다
낙조가 되는 날

우화의 날개 달고
밤하늘의 별을 찾아가는
불나비가 되겠습니다.

시인의 말　　　　　　　　　　　3

1부 바람꽃

안수산 달그림자　　　　　　　10
짝사랑　　　　　　　　　　　12
금주령　　　　　　　　　　　14
김 씨의 출근 길　　　　　　　16
달항아리　　　　　　　　　　17
그림자　　　　　　　　　　　18
바람(願) 꽃　　　　　　　　　19
아내의 그릇장　　　　　　　　20
어떤 세밑 풍경　　　　　　　21
비 갠 아침　　　　　　　　　22
산수유 꽃 만나던 날　　　　　24
담보실　　　　　　　　　　　26
담보실, 그 집　　　　　　　　27
담보실, 그 여름밤의 향수　　　28
만경강　　　　　　　　　　　30

2부 씨 밤

씨 밤	32
아버지 약방문	34
달빛에 젖다	35
꽃밭	36
어머니가 그립다	37
나는 왜 울컥하는가	38
어머니 기일(忌日)	40
내리 사랑	42
수산(壽山)을 걸으며	44
옹아리 천사	46
형과 형수	48
전쟁의 애환	49
세수	50
대나무	52
소쩍새 우는 밤	54
사모곡(思母曲)	56

3부 연필로 짓는 글집

연필로 짓는 글 집	58
가을	60
겨울나무 앞에서	61
환경미화원	62
독수리	64
마파람	66
백로(白露), 스케치	68
병석의 친구가 생각나는 아침	69
사회적 거리두기, 건널목 단상	70
우수(雨水)	72
인천대공원 밤 벚꽃	74
가을 서곡	75
입춘추위	76
첫사랑	77
해동용궁사에서	78
화장실	80
종이비행기	83
가족사진	84

4부 농심

경신마을 소묘	86
농심	87
늦가을 가랑비	88
홍시의 추억	90
고향 길	91
비봉초등학교	92
숨	94
절개지의 꿈	96
제야의 종소리	98
황제노동과 훈훈한 정	100
후회	102
우정의 선물	104
살아야 할 이유	106
퇴근길	108
편지	109
봄은, 아직 기다려야할 때	110
이불 속의 봄	111
단풍, 가을남자	112

작품해설 113
따뜻하게 세상을 응시하는 시인(詩人),
맑고 깊은 시학(詩學)

1부
바람꽃

안수산 달그림자

이태백이
술을 좋아하는
시성(詩聖)이라기에

나도
술을 좋아하면
시를 쓸 수 있을 것 같아

기울인 술잔이 얼마인데
이태백이 놀던 달은 보이지 않고
여인의 눈썹달만 바라보다
가는 세월을 놓쳐버렸다

눈앞의
보고 싶은 것만 골라보는
근시안인 줄 알았더라면,

안수산 자락

만경강 언덕을 따라
가는 세월이나 낚을 것을

막무가내로
따겠다던 달은
서산 뒤에 숨은 지 오래

달그림자만 쫓다가
고사목이 되어서야 바라보는
저, 무심한 강물은 흘러 어디로 가나

* 안수산 : 전북 완주군 고산면에 있는 산

짝사랑

서로가 좋아져서
오누이가 되었다

사랑했지만
오빠라는 호칭 때문에
다가서지 못하고
사랑한다는 말조차 입천장에 붙어버렸다

어쩌다
눈이라도 마주칠 때면
못 볼 것 훔쳐본 것처럼
안 그런 척 돌아섰다

이럴 줄 알았다면
마음이나 주지 말 걸
돌아서면 보고 싶은 사람

밤이면

동구 밖 밤나무 숲을 지나
후미진 냇가에 앉아 하늘의 별과
물 위에 비친 너를 번갈아 보며

그때는
너의 이름이라도
마음껏 부를 수 있었건만

지금은
어느 하늘 아래 살고 있는지
불러도 대답 없는 메아리가

별조차 뜨지 않는
하늘가를 맴돌고 있다

금주령

친구의 장례식에 다녀온 어젯밤
새벽잠에 깨어 휴대폰을 열어보니

아침에 배달해야 할 시가
고치고 보내기를 여러 번
누더기가 된 채 소통의 글쓰기 반
단톡방에 널브러져 자고 있다

아차! 하는 순간

실수를 만회하려면 당장
술을 끊어야 한다는 생각이
전광석화(電光石火)처럼 스친다

7년 전 담배 끊을 때
하루를 안 피우고
다음 날 또 하루를 안 피웠더니

하루가 한 달 가고
한 달이 일 년 가서
여태껏 참고 산 것처럼

나는, 2020년 2월 17일 03시
스스로 금주령을 내리고 밤새
흙비가 내린 입 안에 재갈을 문다.

　　* 흙비 : 성종 9년 가뭄이 들고 흙비가 내리자 오랜 적폐에 따른 재앙이 두려워 모든 조정 대신과 백성들에게 금주령을 내렸다 한다.

김 씨의 출근 길

동산 아래 잠자는 나무들
아직도 꿈속인데
서산을 내려오는
햇살이 등을 떠밀며
하루 일을 재촉한다.

노동이 죄는 아니라지만
천사처럼 자고 있는
아이들을 들여다보다
어제의 풀리지 않은
노독(勞毒)을 다독이며
긴 그림자를 끌고 일터에 도착하면

지름길로 먼저 와 기다리는 해님에게
가난만은 대물림하지 않게
도와달라고 속마음 전하면
암, 그래야지
등 떠밀던 햇살이 나를 감싸준다.

달항아리

세상길 가다보면 더러는
욱할 때가 있지

너와 나 지탱하는 평화
예쁜 달항아리도

욱! 하면
버럭 깨져버리는 것

오늘도 사사로운 일에
가시 같은 말 악무는 이여

그 말 어르고 달래
달항아리에 담아 가면

가는 길 도란도란
동행하기 좋으련만!

그림자

욕심처럼 자라는 빌딩 숲에 가려
희망을 만날 수 없다면
세상은 무슨 꿈을 꾸고 살까

행복은 욕심을 키우는 것이 아니라
인정의 파이를 넓혀가는 것이라는데
종일 검게 바닥을 기어 다니는구나

하필이면 허고 많은 사람 중에
세상사는 셈이 더딘 나 같은 사람을 만나
고생하는 너에게 미안한 마음

온종일 내 발꿈치만을 따르느라 피곤했을 너
하루일 마쳤을 때만이라도
편안한 시간이었으면 좋으련만

잠자리에 들어 고단한 몸을 쉬려 하니
벌써 빛을 깔고 잠든 너의 잠꼬대가 안타깝다

바람(願) 꽃

대치한 총성들이
대화로 피어나니
철조망을 넘는 꽃

산 넘고 물 건너
산새들처럼
통일의 꿈 활짝 펴고
불원천리 가는구나

겨레의 숨결 타고
꽃씨처럼 날아가
백두에서 한라까지
빌고 빈 소원들이

팔천 만이 한터에
새로 피는 무궁화

아내의 그릇장

거실 한 켠 자랑스럽게 서 있는
우리 집 그릇 왕궁

왕족만 모시는 곳이라
나보다 키도 크고
아내의 보살핌도 각별하다

나는 간혹, 목욕 시중도 들어야 한다

손님상에서 광채 나는 그릇들

손님이 가고나면
아내의 그릇장은 닫히고

내가 받는 밥상은
언제나 싱크대에 올라앉는
항상(恒常)

어떤 세밑 풍경

구세군이
자선냄비를 놓고
종을 울리고 있다

건너편에선
스님이 불전함을
앞에 놓고 목탁을 친다

발길 뜸해진 저녁

스님이
불전함에 모은 돈을
자선냄비에 쏟아 넣고는

아무 일
없었다는 듯
휘적휘적 걸어간다

비 갠 아침

빗물 머금은 잎새들
생기 돌아 산뜻한 아침

목마른 산과 들로
숨 가쁘게 달려가는
비구름도 반갑구나

낮은 하늘을 날아가던 참새 떼
타작 마친 보리밭에 내려앉고

한쪽에서는 가족이 동원된 듯
웃자란 들깨모종에 이리저리
손길 바쁘다

두렁 높은 다랭이논엔
누렁이의 써레질에 무너지는
이랑 위로 찰랑찰랑 물결이 인다

한낮이면 맥없이 늘어지던
울타리에 올린 생명줄 하나

사그라지던 그 호박넝쿨도
더듬이 두 팔로 힘 있게

울타리를 오르고 있다.

산수유 꽃 만나던 날

보슬비 다녀간
골짜기마다 물안개 걷히더니
산과 들에 고향 동네 펼쳐진다

가슴팍을 파고드는 꽃바람에
봄을 숨 고르기 하듯 설레는 마음

그리움 짙어지면
향수마저 봄이 되나

맨 먼저 꽃소식 전하려고
양지 따라 숨 가쁘게 달려왔을
산수유꽃 반가워 고향으로 머리 두르면

지금쯤 다랭이논 언덕에는
아지랑이 가물거리고
울타리가 품었던 개나리들
어미닭 뒤따르는 병아리들처럼 피어날 텐데

앞산 진달래
눈 비비고 일어나
분홍 기지개 켜고 뒤돌아보면

나도, 꽃물들 수 있을까?

담보실

이웃과 이웃이 빗장을 건 채
어디로 발길을 놓아야 할지 몰라 허둥댈 때면

장작불을 지피우고
반딧불이가 분분하던 밤
그 하늘이 더 깨끗하고 찬란했음을
깨닫게 된 것을 후회합니다

빈 손으로도 불편하거나 탐심이 없던
그 시절이고 싶습니다

계절 따라 산과 들이 새 옷을 갈아입고
시냇물과 새들이 어울려 합창을 하던 곳

어젯밤 꿈에 그대와 내가 잡은 손에
웃음 꽃 피워놓고 냇물에 빠진
별을 줍던 곳

담보실, 그 집

들바심 마치고 들어서는
기침소리에 호롱불 밝혀
아버지를 마중하던 어머니

초가지붕에 뽀얀 박꽃들이 달마중하면
밥상머리에 둘러앉은 가족들
웃음소리가 울타리를 넘나들고

외양간 누렁이 되새김질하는 처마 끝에
별 하나 걸리던 집

입동 지나 울타리를 거느린 감나무가
까치밥을 내걸면 추울세라
소에게 덕석을 지어 입히던 아버지

담보실, 그 집

담보실, 그 여름밤의 향수

소서 전에는 모내기를 마쳐야
반타작이라도 한다는데

이렇게 가문 날
구름이라도 끼었더라면
날아가는 이슬이라도 잡아둘 테지만

산 능선이 그려놓은 작은 하늘에
빼곡히 들어찬 별들이 야속하다

오늘도 거북등처럼 타들어가는
논바닥을 적시려고 도랑 아래
도랑을 파보지만

젖 먹는 아들 오줌발 같은 물길을 내어
논바닥 입구에 대놓고 왔다

저녁상을 물린 자리 위로 쏟아지는

별들의 수다를 원망하며

내일은 또 어디 가서 물길을 내야 할지
가족들 대화가 몇 번인가 이어지다가

모깃불 내음에
가려움 가시면 평상 위에
몸을 부린 채 곤한 잠에 빠져들던

그 여름날의 내 고향

만경강

어두운 밤에도 강은 흘러
넘어진 별들을 보듬고 간다

밤새 내려온 산이
아침 강안에 들면
뭉게구름 산새들 술래가 되는 곳

간혹 불어난 강물은
사람들 욕심처럼 무거워

몸을 뒤집을 때면
우리를 애태우기도 하지만
배신한 적 없다

오늘도 어머니 같은 강이
만경평야 너른 들에 젖을 물리니

들이 자라고 우리가 사네

2부
씨 밤

씨 밤

오늘은 아버지 기일

아버지를 닮은
늙은 아들이 아랫목에 앉아
밤을 치며 생전의 어버이를 생각한다

아버지 말씀이
제사(祭祀)는 4대 봉사(奉祀)를 하는데
명절에는 신주(神主)를 모신 사당에서 차례를 지내고

기일(忌日)에는 신주를 안방이나 거실에
모셔다 제사를 지내는 것이다 하셨다

신주(神主)는 밤나무로 만드는데
밤나무는 열매를 맺기 전에는
벌레가 타지 않고 씨 밤이
뿌리에 달려 있기 때문에 대를 이어
자손이 번창할 것을 바라는 뜻이다 하시며

퇴색되어가는 예절을 한탄이라도 하듯
쯧쯧쯧 혀를 차시더니

내가 좋은 씨 밤이 되어야
좋은 가문을 이룰 수 있는 것이다

좋은 씨 밤은 가진 것에 만족할 줄 알며
홍익인간의 뜻을 세울 수 있도록
쌓은 덕이 후손들의 울타리가 되어야 한다시며

음복 때면 잘생긴 밤 한 줌씩
꼬-옥 쥐어주시던 아버지

아버지 생전의 그 말씀을
오늘은 내가 대신 전해야 합니다.

         * 신주 : 죽은 사람의 위패. 대개 밤나무로 만드는데,
                길이는 여덟 치, 폭은 두 치가량이고,
                위는 둥글고 아래는 모지게 생겼다.

아버지 약방문

언젠가 우리 아부지 생신 날, 김제 사시는 둘째 성님은 치질을 앓리라 못옹께 성수님만 오셨는디, 반주 멫 잔에 거나해진 우리 아부지 메누리 헌티 단방 약을 처방허시는디 "야, 김제 애야" "예 아부님" "거시기 뭐냐 허면 말여 집에 가거들랑 잼싸게 건재국에 가서 바우손(卷柏) 좀 사다가 말여 가마솥에 물 닷 되쯤 붓고 말여 서 되쯤 되게 푹 달여서 요강에 쏟아 붓고는 말여 걸터타고 앉아서 짐을 쐬는디 식기를 기다렸다가 하루에 서너 차례씩 한 사날 계속 허면 깨까시 나설팅께 잊어부리지 말고 싸게 혔으면 쓰겄다. 알아들었냐?" "예 아부님" 성질 급한 우리 아부지 자식이 아푸당께 싸게 나섰으면 혀서 오래 전 귀담아 들었던 기억을 더듬어가며 찬찬이 말씀 하시는디 말끝 메다 "말여" 소리를 혀싸싱께 어른께서 허시는 말씀인지라 소리 내서 웃을 수도 없고, 눈물이 쏙 빠지도록 배꼽을 부여잡고 있었는디…… 어메! 죽것다. 인제 다 끝났능가 싶었는디 형수께서 "아멘" 허시는디, 깨딱혔으면 그때 우리 가족들 참말로 배꼽 다 빠져나갈 뻔 혔당께!

달빛에 젖다

새해인사 오겠다는
아들과 통화가 끝나자
뒤따르는 손주들 생각

이번에는 어떤 재롱 보여줄까
재놓고 간 키는 또 얼마나 자랐는지

모두들 어렵다는데
제 식구 누울 구들장은 따뜻하기나 한지
오늘도 언 발 싸매고
어딜 가서 통사정 하였을까

몸 고생이라도 좀 덜었으면 좋으련만
창호에 차오르는 달빛은
어쩌자고 가난까지 차고 올라
아비 맘 적시는지

엎치락뒤치락 달빛에 젖는 하얀 밤

꽃밭

아들 손주 모두 모여
떡국 한 그릇에 나이 한 살 얹어 먹고
귀한 세배도 받았으니
절값 위에 덕담 하나 얹어본다.

새해는 우리가족
밝게 웃는 꽃밭이 되자
한울타리 안에서 어깨를 내어주고
어울려 피는 꽃들처럼

아들 꽃은 허허허
며느리 꽃은 하하하
손주 꽃은 헤헤헤
할머니 꽃은 호호호
웃음꽃 피라고

햇살 같은
내 마음도 함께 얹었다.

어머니가 그립다

인천대공원 호숫가를 걷고 있는데
종종걸음으로 앞서가는 비둘기 한 쌍
두리번거리며 눈길 주는 곳에
물고기 밥 자판기가 보인다
주머니를 뒤지다가
지갑을 챙기지 못한 것을 알고
손만 흔들어주고 가는데
발걸음 옮길 때마다
따라 붙는 미안한 마음

한국전쟁으로 배곯던 시절
오늘은 어떤 손님이 들까
가족들 끼니를 덜어
여유 밥을 준비하셨다던
어머니가 보고 싶다

나는 왜 울컥하는가

세밑이 가까워질 때면
설빔을 짓고 있는 작은 누나 곁에서
나는 조막손 내밀어 접었다 폈다
설날이 몇 밤 남았냐고 되묻곤 했었다

까치설날 잠자면
눈썹 센다는 놀림마저
졸음 앞에 무너지고

"설날이다"는
귓속말에 벌떡 일어난 나는
거울을 내미는 누나 앞에서
하얗게 세어버린 내 눈썹
찾아달라고 울고불고 보챘었다

때때옷 갈아입어야
까만 눈썹 찾을 수 있다는
누나의 말에 더는 울지 못하고

세수에 분 화장까지 마치고
녹색 명주로 지어 빨간 고름을 두른
저고리와 보라색 바지에 감색 조끼까지
받쳐 입고 나면 내 눈썹은 감쪽같이 돌아와 있었다

아기 도령이 되어 세배길 나서면
요리보고 저리보고 돌려세워 뜯어보시던
어른들 앞에 넙죽 절하면
"복 많이 받고 건강하라"는
덕담 한 아름 안고 돌아와

예쁜 누나와 함께
입 꼬리가 귀에 걸리도록
활짝 웃고 있는 유년의 초상 앞에서

어머니 기일(忌日)

세상 것 내려놓고
하늘길 가시던 날

마지막까지
막내의 장래만이 삶의 전부인 양
파리한 기도를 입에서 떼어놓지 못하시던 어머니

그리움 자극하는
오랜 눈물샘이었다가

연연세세 보름달로 오시는 것을
알고부터 울지 않았습니다.

잠자리 날개 같은
하얀 세모시 치마저고리에
쪽진 머리를 한 고운 맵시

이승과 저승은

넘볼 수 없는 먼 길이기에

해마다 한 번 쉰여덟
생전의 모습으로 오시는 임

옛 추억을 따라가는
길섶에 서서 기다리는 어머니!

내리 사랑

사랑으로 키운 아들은
한 처녀를 찾아가 짝이 되고

화초처럼 자란 두 딸도
저희들 눈에 맞는 짝을 만나
둥지를 튼 지 여러 해

삼남매 모두
제 아이들 낳아
이것저것 가리지 않고
구김살 없이 사는 걸 보니

사랑은 역시
내리사랑인 것을 알겠다.

손주들도
독립된 인격체로
듬직하게 자라고 있으니

고마운 마음 함께 커가도

석양을 바라보며
생전의 어버이를 위해 나는
무엇을 했나 스스로에게 물어볼 때면

아직도
혈관을 타고 도는
어머니의 온화한 목소리에
그만, 말문이 닫혀버린다.

수산(壽山)을 걸으며

닭 우는 소리에
수산 입구까지 마중 나온 어머니

'어서 오너라.'

치맛자락 거머쥐고
"따라 오너라" 가르마 같은
길을 열어 주신다.

꽃피고 열매 맺는 것과
살아 움직이는 생명들이

당신의 발꿈치를 밟아가며
새로운 내(我)가 되는 것을

덩치 큰 소나무
몸집 불리느라 살갗에 난
생채기 아물도록 어루만져 주시고

키 작은 도토리나무도
어서 꽃 피고 열매 맺으라고
머리를 쓰다듬으며 격려하신다.

지금 걷고 있는
이 길도 등골이 드러나게
단단해져야 길손이 드는 거라는 어머니

오늘도 도토리 묵밥 같은
묵언의 경전을 가슴에 새기며
새벽길을 걷고 있다.

옹아리 천사

햇살이 머물고 간
벚꽃나무 가지마다
금방울, 은방울, 꽃망울 가득한데

어디서 날아왔는지
꽃망울 터뜨리는 참새 몇 마리
옹아리로 세상일 익히는 아기와 합창을 하다
가고 난 자리

우리아기
무럭무럭 자라라 까꿍
씩씩하게 자라라 까꿍

할머니 어르기에
눈이 맞은 아기 얼굴
생글생글 피어나는 천사표 미소가
까르륵까르륵 화사한데

바람이 그네를 태워주고 가는
꽃 타래 속 아기씨앗은
또 얼마나 야물어졌을까

형과 형수

한평생 노동을 지고 온
등 굽은 형님의 허리와

자기몸 하나 돌보기도 힘든 연세에
오늘도 밭고랑을 기다가
땅 짚고 일어나 걷는 형수님 허리

부부가 닮았다.

해질녘 하루의 고단함을
이야기 고삐에 매어 달고

오순도순 밭둑길 걸어
집으로 가는 길

등 뒤에서 비춰주는 햇살이
하루의 고단함을 달래준다.

전쟁의 애환

 월남전에 파병된 동생이 달마다 보내온 돈 누나의 통장에서 불어나, 웬만한 집 한 채 값이 되었다 결혼생활 십여 년이 지나도록 부엌이 딸린 단칸방에 네 식구가 함께 살며 월세를 면치 못하던 누나는 부푼 꿈에 날개를 달고 집 보러 다니던 날, 전선에서 날아든 편지 한 통을 받았다. 가난을 벗으려고 고국을 떠나온 전쟁터에서 장렬히 산화한 전우들을 가슴에 묻고 나 혼자 살아서 돌아갑니다. 편지를 받아 읽던 누나는 동생의 피맺힌 절규에 발걸음을 떼지 못하고 그만 주저앉아 울고 말았습니다. 무사귀환을 위한 기도는 못 할망정 돈에 눈이 멀어 자신의 안일만을 돌보려 다니다니….

 가슴에 탄환처럼 날아든 그날의 눈물은 아직도 마르지 않는 선배누나의 가슴에 구멍 난 슬픈 샘 되었답니다.

세수

어디로 뛸지 모르는
목매아지처럼

간밤엔 또
어디를 쏘다녔기에

해가 중천인데
우물가에서 세수하는 아들을 보니
그 옛날 아버지 말씀이 생각난다.

"아들아
사내가 멋이 들려면
속까지 들어야지"

"비누로 씻지만 말고
먹어야한다"던 말씀
이제야 알 것 같다.

몸이 더러우면
비누로 깨끗이 씻고

마음까지 더러우면
비누를 먹는 마음으로
씻어야 한다는 그 말씀

아버지의 당부가
빙의(憑依)된 이 아침

"예"라는 아들 녀석 대답에서
물방울 하얗게 튕겨 나간다

* 목매아지 : 아직 굴레를 씌우지 않고 고삐를 맨 망아지

대나무

자태는 어찌 하늘을 찌르고
품성은 그리 곧기만 하여
거만하면 꺾일세라 비우고 비운 마음

옹이진 마디마다
올곧게 세운 뜻
제 모습 잃지 않고
살아가는 대나무처럼

스스로 뱉은 말과 행동을
책임질 줄 알아야 한다던 아버지

언젠가 동네에 초상이 났을 때
농번기라 어린 내가 호상을 본 적이 있다

정산할 돈이 모자라자
돈 앞에는 냉정해야 한다며
표 나지 않게 메꾸어 주셔서 부끄럽지 않은

얼굴을 지니고 다닐 수 있었다

언행이 바르지 못해
조상을 욕 되게 하는 것이
불효다 하시던 아버지의 훈계처럼

우리 집 뒤란의 대나무는
오늘도 천년처럼 푸르다

소쩍새 우는 밤

시문에 능하여
장래가 촉망되는 도령이라기에
백년가약을 맺어 부부가 되었다는 누님

전쟁이 무엇이기에
가문을 지켜야할 사람이라는
어른들의 만류로 징병 소집을 피하다가
기대를 저버리고 남편을 여의였으니

스물아홉 청상으로
삼남매의 장래를 책임져야 했다

유복녀를 등에 업고, 걸리며
논산 육군 제2훈련소 면회장까지 걷고 돌아
일백리 길을 새끼발가락이 무너지도록 행상을 했다

어린 것들은 일찍 철이 들어서
지들 어메 불쌍하다고 흘리는 눈물에

정신을 차려 보니 지아비의 빈자리가 보였다는
우리 누님

가도 가도 서러운
고슴도치 같은 삶에, 눈물마저
사치 같아서 울 수조차 없었다는 누님 생각에

소쩍새 우는 소리
이슥한 밤을 건너가는
5월의 신록이 가지를 치는 밤

사모곡(思母曲)

잔병을 달고 살던 애물단지를
품다가 품다가
재가 되어 훨훨 날아간
어머니의 빈자리

이제는 닳아버린 지문처럼
기억조차 희미해지는데
아직도 보채듯이
불러보는 어머니……

계신 곳이 너무 멀어
못 들으시나
소리도 보듬어야
노래가 된다는데

불러도 불러 봐도, 덩그러니
그리움만 자라는 귀

3부
연필로 짓는 글집

연필로 짓는 글 집

그때가 언젠데

초등학교에 입학해서
처음 써보는 받아쓰기처럼
지금도 나는 연필로 글을 씁니다

아는 것보다
모르는 것이 더 많고
배운 것도 제대로 익숙지 않아

먹이나 잉크로
글 집을 지으려면
누더기집이 되지만

연필로 짓는 집은
몇 번을 고쳐 지어도
흠이 생기지 않기에

나는 오늘도
연필로 짓는 집을 드나들며
휘파람처럼 살고 있습니다

가을

수산 둘레길 가시덤불 속
오들오들 떨고 있는 억새 하나

그 모습 애처로워
고적한 내 가슴에
시심으로 보듬었다

상처를 안고 가슴 깊이 내려간
꽃 소식은 돌아올 줄 모르고
이 가을 담아낼 수 없는 가슴앓이가

오늘도 산그늘 내려
지붕을 덮을 때까지

낙엽이 흩날리는
바람의 길을 따라
꽃보다 먼저 와 핀 노을에
앓아눕는 내 마음

겨울나무 앞에서

풍요로운 수확으로
곡간을 채우고도

묵은 상처는 서릿발처럼 돋아나
밤이면 잠이 오지 않는다

비바람 헤치고 돌아온 겨울나무처럼
소망은 언제나 공생을 위한 기도지만

가뭄과 장마에 깨진
상처는 아물지 않고

삭정이같이 야위어가는 노구는
바람 든 무처럼

송송 뚫린 구멍에
바람 드는 소리와
신음소리가 엇박자로 살고 있다

환경미화원

새벽 출근길
환경미화원이 어지러진
양심들을 비질하고 있다

상쾌한 아침을 짓듯
부지런히 손놀림을 하고 있다

첫차를 기다리며
무심코 바라보다 신발 굽에
질식당한 꽁초 하나 주어든 나
버려진 양심 하나 건지었다

어둠 뒤편에서
어수선한 양심들이
제자리를 찾아 길을 나설 때

가로등 아래
또르르 구르던 낙엽 한 잎

경계석에 막혀 돌아눕는데

희뿌연 여명이
골목길을 헤집고 들어온다.

독수리

독수리는 사냥꾼

오늘은 확 트인 시야
허기진 배가
조급한 비행을 서두릅니다

오염된 환경,
턱없이 부족한 먹이사슬은
하늘의 제왕이던 때를 생각하면

새파랗게 얼어붙은 하늘 높이
사냥감을 살피는 큰 날갯짓이
힘에 부칩니다

혈통을 이어 하늘을 지켜온 제왕은
씨가 따로 있는 법, 이대로
역사 속으로 사라질 수 없습니다

2보 전진을 위한 1보 후퇴로
천연기념물 243-2호로 지정된
보호종이지만

내일을 위한
권토중래를 위한 꿈은
오늘도 푸른 날개를 펼쳐야 합니다

* 권토중래(捲土重來) : 한 번 실패하였으나
   힘을 회복하여 다시 쳐들어오다.

마파람

갑작스러운 빈뇨 때문에 받은
검진 결과 확인하러 나선 길

병원에 도착하는 내내
'괜찮아야할 텐데' 하는 걱정에
발걸음 무겁고 시간은 더디다

반갑게 맞아주는
인사도 받는 둥 마는 둥 오르지
원장의 입술에만 눈과 귀가 열려 있다

"검사를 하는 동안,
연세도 있고 소변에 혈흔도 보여서
결과가 안 좋으면 어쩌나 걱정했습니다."

('이거 잘 못된 것 아냐?' 가슴이 철렁하는 순간)

"대장균에 감염된 것 말고는

다른 증상이 없습니다"는 말에

장작개비처럼
굳었던 몸이 휴~ 소리를 내며
마파람에 봄눈 녹듯 지옥문이 열린다

좋은 일에는
경사가 겹친다더니
등 떠미는 마파람에 돌아가는
발걸음도 가볍다

백로(白露), 스케치

수산 둘레길
솔잎 끝에 맺힌 이슬에
계절이 따라 돌고

청설모 한 마리
부지런히 상수리나무를
오르내리며 두리번거리더니

하늘 한 번 올려다보고
지상으로 내려오는 길
거미줄에 미끄러진
영로(零露)의 뒷모습이 아찔하다

고추밭 고랑마다
햇발이 걸어간 발자국들
많이 야위었다

* 수산 : 남동구 미추홀도서관 뒷산

병석의 친구가 생각나는 아침

친구야 창문 열고
하늘 한 번 바라봐

동산에 지펴진 햇살 위로
가을볕에 여문 쪽빛 하늘이
우리를 부르고 있어

해바라기도 얼굴을 들어
온몸으로 대답하네

알알이 익어가는 씨앗을 안고
환하게 웃는 해바라기처럼
너도 한번 대답해 봐

"응,"
하고 대답하면
좋은 일이 있을 거야

사회적 거리두기, 건널목 단상

코로나19가
24시간 뉴스의 중심에서
지구촌 전체로 번져나가도

몇 발자국 앞서가겠다고
앞 사람이 넘어지면 뒤 사람도
도미노가 파도를 타는 세상

시시각각 울려대는
안전 안내문자 신호음에
또 누군가 걸렸구나!

마스크를 쓴 지친 모습들이 구청 사거리
건널목에 신호 대기 중이다

'가시오' 하고
녹색 신호등이 켜지자
몰려드는 발걸음

화살표를 따라 걷는 사람
반대로 걷는 사람이 뒤섞여
아무 일 아닌 것처럼 가고 있다

누가 말하지 않아도
지킬 것은 지킨다는

저 무심한 태양

우수(雨水)

봄비,
새각시처럼
다녀간 우수절 아침

물안개 걷히고
햇살 지핀 양지를 따라
나무들 파릇파릇 눈 뜨기 시작한다

아녀자들 나물바구니 들고 나와
들 가운데 나앉은 것을 보니

달래, 냉이, 꽃다지
밥상에 오를 것이고 뒤따라
산수유, 개나리, 진달래꽃 피어날 텐데

하필이면,
오늘 저녁부터
황사가 온다는 소식에

가뭇한 그림자 드리우네

공해를 동반한 황사라서
마스크를 준비해야 한다니

다시
너와 내가
거리가 생기고

꽃과 나비 멀어지면 어쩌나

인천대공원 밤 벚꽃

너를 기다리는
마음들이 떠받쳐 핀 줄 알았더니

어느 훼방꾼이
화무십일홍(花無十日紅)이라 했나

머물면 눈물질세라
뽀얗게 지는 꽃잎들

젖지 않고 가라고
어둠이 내려 사르고 있다

가을 서곡

매운맛에 취한 고추들
붉은 잠에 빠져든 한낮

여름을 건너가는 땡볕에
늘어진 감잎 하나
툭!
마당귀에 떨어진다

입추보다 먼저
뜨락 위를 맴도는
고추잠자리들……

입춘추위

3월아
겨울인 2월을
호락호락 넘보지 마라

문설주에 입춘첩(立春帖)을 붙이고
달아나던 척후병을 뒤쫓다가

문고리에 얼어붙은
수문장 꼬리가 잘리는 바람에
비록 한 달을 다 채우지 못한 2월이지만

예의바른 봄은
때를 기다릴 줄 아는 3월과 함께
정중하게 인사하고 포옹하며 와야지

무례하게 남의 영토나 넘보다가
외투 벗은 몸으로 무릎을 꾼 채
바들바들 떨고 있는 네 모습이 안쓰럽다

첫사랑

단비 다녀간 산과 들이 깨어나
온 동네가 부산하던 날

과수원 수간(樹間) 사이
파종한 씨앗들이 안개를 걷어내며
땅을 비집고 얼굴 내미는 떡잎들

자식을 키우듯 풋봄을 돌보는
수굿한 아낙의 등 뒤에서
복사꽃 가지 사이로
반짝이는 햇살을 안고
살포시 미소 짓던 너의 모습

내 가슴에 처음 안아보는
설레는 마음이었지

그 꽃 피고 질 적마다
기웃거리던 저 언덕

해동용궁사에서

소원 한 가지는
꼭 이루어준다는
해동용궁사 해돋이공원

바다는 밤이슬에 젖은 날개로
아직도 자고 있는지
갈매기 울음마저 잠잠하다

누구를 기다리다 때를 놓쳤는지
갯바위에 기대어 핀 봄꽃 한 송이
나를 불러 세우더니

저만치 달아나는 봄이
야속하다는 하소연이다

얼마나 외로웠으면 지나가는
길손 불러 신세타령일까

안 되겠다
내 소원일랑 내려놓고
어여 네 소원부터 빌어보자

내년에는 부디
사랑하는 연분 만나
환한 얼굴로 다시 볼 수 있기를……

* 해동용궁사 : 부산 기장군 기장읍 용궁 길 86에 있는 사찰

화장실

어쩌다 한밤중에 복통이라도 생겨
용변이 급할 때면

악취가 진동하는
오물을 뒤집어 쓴 처녀귀신 몽달귀신이
뛰쳐나올 것 같은 뒷간을 가야했다

머리끝이 쭈뼛거리고
발걸음이 떨어지지 않아
어머니의 도움이 있어야만
용변도 가능했던 때가 있었다

81년 하늘이 도와
86 아세안 게임과
88 올림픽을 유치하면서

이 땅에 변화의 물결이
파도처럼 밀려들고 주거문화를

개선할 수 있는 절호의 기회를 맞았으나

세계적인 빈국이었던
우리의 국민 소득은 1인당
1,826달러로 올림픽 같이 축전(祝典)을
준비하기에는 역부족이었지만

민관이 하나 되어
'할 수 있다가 무슨 말이냐
하면 된다.'는 열화 같은 국민의 갈망이
고착되었던 관념을 깨고 생각을 바꾸어

상하수도를 확장하고
푸세식은 수세식으로
화변기는 좌변기로 안방까지 들어가니

우려했던 올림픽은
우리의 전통적인 손님 접대의 미덕으로

세계인을 놀라게 하는 축제가 되었다

변소라는 왜색을 지우고
화장실로 탈바꿈 하니
또 하나의 독립을 선언한 지 30여년······

세계의 주거문화를 선도하는
화장실로 예쁜 삶을 꽃 피웠다

종이비행기

카톡카톡
뒤따라 보낸 당신의 그림엽서

늦잠 자다
허겁지겁 서두른
출근길에 마음 쓰였나요.

하루의 안녕을 비는 마음
장미꽃 향기처럼 안겨와

고맙다는 답글을 싣고 날아가는
하늘이 당신의 마음처럼 넓고 환합니다.

가족사진

삼남매 모두
가정을 꾸린 기념으로
가족사진을 찍었다

며느리 뱃속에 맏손주를
품었으니 아홉 식구가 찍었구나

제 얼굴값 하겠다며
내민 얼굴들

가을볕에 단물 드는
과수원 사과들처럼
우리가족 즐거웠던 한때가

거슬러 올라간 세월 속에
고스란히 간직되어 있다

4부
농심

경신마을 소묘

소쿠리 테 안 같은 산자락에
다소곳이 안긴 마을

정수리를 비켜가는 해가
땅 그림자 드리우고

가을걷이에 비우고 나간 집들이
웅크리고 앉아 말이 없다

누구네 집일까
대추나무 그늘에
저희들끼리 깨물고 뒹굴며
어미 곁을 구르는 강아지들 한가롭고

바람마저 나른한 오후

한마당 가득 널어놓은
햇볕에 타는 노을이 붉다

농심

큰아들 결혼 준비와 막내의 등록금이 걱정되지만
어디 걱정 없이 살 수 있는 그런 삶도 있다던가.
벗으려던 빚더미에 다시 멍에를 메도
반듯하게 자라준 자식 농사가 다행 아닌가.

농사를 지어본 사람은 안다.
봄, '잘 살아야지' 기대에 부풀어 씨 뿌리고
여름, 잘될 것 같아 몸 상하는 줄 모르고 잡초 뽑으며
가을, 수고한 만큼 작황은 풍년인데
떨어진 수매가에 기대가 무너지고
겨울, 미루어 둔 손익 계산서
우수수 앗아가는 찬바람에 또 한 해가 도로 아미타불

앙상한 겨울나무에 빈손이 묶이어도,
봄, 다시 잘 살아야지.
기대에 부풀어 씨를 뿌린다.

늦가을 가랑비

자식들 대학까지 마쳤으니
제 길은 알아서 찾아가겠지

남은 삶은 곱게
단풍들 줄 알았는데

계절을 재단하는 늦가을 가랑비에
땅 위로 내몰리는 낙엽들처럼

앞만 보고 달려가는
계절이 야속합니다

한 녀석은 적성에 안 맞는다고
멀쩡한 직장 그만두고 나와
프리랜서 카피라이터 수련 중이고

또, 한 녀석은 대기업 아니면 안 된다며
3수째 수강 중이니

언제나 제자리를 찾아갈지

잎 진 자리마다
차오르는 고달픔은
그렁그렁 눈물져 맴도는데

앙상하게 들어난
길 위로 재 넘은 겨울이
성큼성큼 내려오나 봅니다

내일 아침은 기온이
급강한다는 예보인데 아이들
목도리라도 준비하려면 나가봐야겠습니다.

홍시의 추억

감나무가 자식을 보호색으로 키우며
홀로 서기를 기다렸다가
성년이 되면 볼 발그레 단장시켜
세상 가운데 선보러 내보내면
세상에서 제일 큰 복을 타고 난 석순이도
삿갓을 입에 가져다 대는 수고 없이는 못 만나는
귀한 몸이었지

그런 복이 없는 나야
남의 콩밭을 개구멍 삼아
가르마같이 난 길을 뻔질나게
드나들며 감나무 밑을 싸대다가
코앞의 홍시를 못보고 밟아 넘어져
똥 싼 바지가 되어 울상인 날도 있었지만

저만치 풀숲 위에 얌전히 앉아
방긋! 아는 체하는 빨간 홍시를
만날 때면 나는 석순이의 복도 부럽지 않았다

고향 길

바짓가랑이 젖는 줄도 모르고
논둑길 밭둑길 걸으며 소란하던
학교 길은 토막 나 새 길이 되고

뒤꿈치 터진 신발짝 끌고 장재를 올라
새 신발 사다주겠다는 아버지를 기다리던
막내의 장 마중도 옛 이야기처럼 엎드렸다

땅거미 지는 고개를 넘는
도란도란 이야기 소리 들을 수 없고
궁금한 이웃들 안부도 주고받은 지 오래

자식들 공부시켜
도회지에 정착시킨 문전옥답엔
백발의 자식 사랑만 드나들 뿐

그 많던 인연들 어디 가고
잃어버린 길 따라 추억만 아련하다

비봉초등학교

비봉국민학교 간판은
비봉초등학교로 바뀌었고

방부제를 칠해 시꺼멓던 학교건물은
노란색 띠를 두른 분홍색 2층 건물로 거듭나
입학식에 가던 손주들처럼 예뻐졌다

여름방학이라 텅 빈 교정
그 시절 당직근무 중이던 선생님의
풍금 소리를 기억하며 자랐는지

몸집을 불린 은행나무 그늘이
나를 국민학교 시절로 호명하여
네 잎 클로버를 손에 쥐어준다

고만고만한 눈동자들
풀꽃반지의 아름다운 추억은
저녁노을 질 때까지 오선지 위에서

떠날 줄 모르는데

어둠이 나를 등 뒤에 세우자
족집게로 집어내듯 따라오는
기억들, 또랑또랑 밤하늘에 별로 뜬다.

숨

구정물 더럽다고 욕하지 마라

한때는 더럽혀진 너와 네 가족의
청결을 위한 생명수였다

마구 쓰고 방치하면
질병을 옮겨 생명을 잃거나
반신불수가 되게 하는 것을

인간의 편리만을 고집하다
스스로 매몰되어가는 사람들

그대 코끝에 걸린
들숨 날숨이 있어
아직 생명을 모르는가

물이 낮은 곳으로 흐르는 것도
찌든 공해를 쉽게 씻어내고 대지를 적셔

생명의 피가 돌 수 있게 도우려는 자연의 섭리다

대지를 적신 물이
자갈 위를 구르고 물풀에 기대
자기 몸을 씻어야 생명수가 된다

숨이 살아난다

절개지의 꿈

영원할 것 같던 산도
언제부턴가 육중한 기계들을
동원하여 잘려나간 아찔한 절개지에 서면

위태롭게 걸터앉은 영혼들
하얀 이빨을 부딪치며 공포에 떨고 있다

산허리를 내달리는
소음과 매캐한 매연 때문에
산새들 노래 점점 뜸해지고
계곡은 대화마저 말라버린 채

낯익은 얼굴들
희귀종 또는 멸종이라는
수식어가 붙어 시나브로 사라져 가도

생활의 편리만을 고집하는
인간의 욕망은 꺾일 줄을 모른다

산은, 철따라
스스로 꽃 피고
열매 맺고 거둬들여야
뭇 생명들의 안식처가 되는 것
어떠한 인위적 변화도 배척한다

개발이라는
역린(逆鱗)을 달아놓고 함께
살 수 있다고 믿었던 것이 잘못이다

산은
산이라서
산으로 살고 싶다

제야의 종소리

한해를 시작할 때
깃발처럼 펄럭이던
그 많던 소망들 어디 가고

빛바랜 기폭을 바꾸어 다는
송구영신(送舊迎新)의 밤

널리 퍼져가는 제야의 종소리에
내 안에 잠들었던 시심(詩心)이 깨어
길 떠날 채비를 한다

눈이 고운 사람들과
사계(四季)의 아름다움에 취해
자연과 하나 되어도 좋고

때로는 바람이 되어
구름에 희망을 싣고 미지의
세계를 가보는 것도 좋을 것이다

한 줄의 글귀라도 얻는 날은
쉴 만한 계곡이나 시냇가에 발 담그고
산새들 노래와 물소리 장단에 삿갓도 되어보고,
소월이 되어 인생의 참맛을 누려보련다.

황제노동과 훈훈한 정

하루 8시간 봉투를 접으면
얼마를 버는데, 우리 법전에
죄 값으로 사백만 원씩 변제되는 상식 밖의
황제노동형법이 있다는 뉴스를 듣고 깜짝 놀랐다

돈이란, 돌고 돌아
하느님이 가난을 구제하라고 만들었다는데

하라는 가난 구제는 안 하고
남의 주머니나 털어 자신의 곳간을 채우면서
눈 하나 깜짝 안 하는 철면피 같은 사람들
그것도 그들만의 능력이라니
세상 사람들 벌어진 입을 다물 수가 없자

하느님은 어느 주민자치센터에
소년 소녀 가장을 위해 써달라는
익명의 편지와 함께 얼굴 없는 천사를 내려 보냈다

훈훈한 뉴스가 바람을 타고
딸랑거리며 세밑 구석구석을 돌고 돌자

욕심을 벗은 돈이
시린 가슴을 품으니
얼음장 같던 세상에 훈훈한 온기가 돈다

후회

인적 드문
겨울 강에 떠가는 저 구름은
무슨 사연 안고 가기에 저리 한가로운가

부평초처럼 떠돌던 나의 인생
가로놓인 인연의 강에
이르고 보니

거센 물살은 거스르기 버겁고
흘러간 세월은 돌아갈
길조차 없네

건널까 생각하니
젊음을 소환한다 해도
징검다리를 놓기엔 깊어진 강물

강폭을 건너간 바람은
누구를 원망하거나

후회할 줄 모르는데

건너지 못할 바엔
강가에 발목이라도 묻고
뿌리내릴 생각을 왜 못했을까

우정의 선물

IMF 때, 살림살이 거덜나고
삶의 무게마저 아내의 어깨에
간신히 의지했었다.

겨울 지나면 봄이 오는 것이
세상의 이치라지만

살갗을 비집고 나오는 가시 같은 내 삶에
봄 같은 삶은 없을 줄 알았다

어떻게 알았는지
중소기업인인 친구한테서 전화가 왔다

"지나간 일 잊어버리고 다시,
뛸 준비가 됐거들랑
고생이야 되겠지만 함께 일해보세"

말이 고생이지

생때같은 자식들 앞에 두고
찬밥 더운밥 가릴 때가 아니었다

열심히 일하다 보니
십 오년을 한솥밥 먹었다

자식 삼남매도 장성하여 가정을 이루고
제 얼굴 책임질 나이가 되니 손주가 여섯

그 손주들 자라는 모습
바라보고만 있어도
마음이 흐뭇하다오

더는 마음 다치지 않고
남은 삶을 보낼 수 있게
도와준 친구여, 고맙습니다.

살아야 할 이유

가꿀 줄도 모르면서
욕심처럼 자라지 않는다고
용도 폐기했었다.

배신의 낙인을 찍고,
떠나버린 글쓰기 공부

반세기를 돌아
다시 찾은 노인종합문화회관
소통의 글쓰기반 문을 두드리니

억새꽃같이
낯설지 않은 얼굴들
반갑게 맞아주니 살맛난다.

지나간 일은
대수롭지 않다는
너의 눈망울도 여전히

아침 이슬처럼 영롱하고

잃어버린
삼라만상의 조각들을
찾아 엮어 이름표를 달아주니

잃어버린
보석을 되찾은 희열처럼
살아야할 이유가 되살아나

살맛나는 여생이 가지를 친다.

퇴근길

남은 햇살 따라잡듯

버스와 지하철을
번갈아 타고 내려서
집 앞 골목길 접어들 때면

꽃노을이
먼저 와서
저녁을 깔아놓고

하루의
고단함을
편히 쉬라며
곱디고운 인사를 한다

내일
또, 만나요

편지

부지런히 베어 짚어진 깔 짐을
감나무 아래 벗어놓고 쉴 때면
산그늘로 성큼성큼
다가서는 너의 모습

못 견디게 보고 싶은 날은
편지를 썼지

기쁨의 모서리가 헐어
까맣게 문드러질 때까지
주머니에 넣고 다니며
읽고 또 읽었던 너의 편지

지금도 마음 설레는
열여섯 살 추억이 된 얼굴

* 깔 : 꼴의 방언(소나 말에게 먹이는 풀)

봄은, 아직 기다려야할 때

손 내밀던 봄바람 주춤주춤
겨울 뒤에 숨었다

입 다문 꽃봉오리들
경계가 삼엄하고

베란다로 내보낸 스파트필름
소담한 잎들도 생기를 잃었다

텃밭에 묻으려고
손질해 둔 씨감자들 다시
자루 속에 들어가 들썩거린다

아무리 드센 동장군이라도
북상 중인 마파람엔 녹아내리겠지

씨오쟁이 강낭콩도 마파람
골목길에 귀 걸어두었다

이불 속의 봄

우수가 내일 모레인데
밤 기온은 아직도 영하

새벽같이 깬 잠은
켜놓고 잠들었던

TV 화면에 튀르키예 지진으로
무너진 건물 잔해 속에서 17세 소녀와
고양이가 간신히 살아 돌아오고 있다

240시간의 기적이라는데
아직도 구출의 손길을 기다리는
눈동자들 남은 시간은 얼마나 될까

남쪽에서는 복수초, 동백, 매화까지
꽃 소식이 줄을 잇는데

이불 속 봄은 아직 등이 시리다

단풍, 가을남자

등고선 따라 내려오는
한파가 두려운 나무들

남몰래 지핀 불이
제 가슴을 다 태우다

타다 남은
잉걸불은 만산을 덮고

이별의 조짐에
낮술까지 뒤집어써

돌림병처럼 번지는
사랑의 절규들, 얼비치는
술잔 속에 피터지게 붉었구나!

작품해설

따뜻하게 세상을 응시하는 시인(詩人), 맑고 깊은 시학(詩學)

곽혜란(월간 문학바탕 발행인, 문학평론가)

 시를 쓰는 사람들의 가슴은 따뜻하다. 온화한 손길, 포근한 눈길, 아픔과 슬픔을 어루만지는 마음이 아니면 맑고 깊은 시가 나올 수 없을 뿐만 아니라 독자들을 감동의 세계로 이끌 수도 없다. 그래서 시를 지어 세상에 내놓는 시인들은 가장 먼저 자기 스스로를 정갈하게 비우고 참된 것으로 다시 채우려는 마음을 다잡으며 아주 작은 것 하나까지도 정돈하는 것을 우선하는 것이다.

 최병관 시인의 시가 그러하다. 최병관 시인은 유난스러운 현학적 수사나 미사여구에 기대지 않으면서 삶의 본질을 직관적으로 표현해내고 있다. 최 시인의 시에서 가장 자주 등장하고 가장 애정 깊게 다루어지는 소재는 가족(어머니, 아버지, 형님, 아내), 고향, 자연(꽃), 우주적 상상력이다.

주제면에 있어서는 사람의 도리, 사람과 사람 사이의 관계에 천착하고 있다. 그것은 인정, 사랑, 오래된 그리움들로 무늬 지어 있다. 최병관 시인의 시에서 유독 따스함을 느끼는 것은 이러한 소재와 주제의 범주 속에 시심이 오롯이 자리하고 있기 때문이다.

1. 고향의 그리움으로 빚은 시의 에스프리

시인에게 고향은 다양하고도 무한한 상상력을 제공한다. 특히 최 시인에게 고향은 사랑과 긍정, 희망으로 이어진다.

어두운 밤에도 강은 흘러
넘어진 별들을 보듬고 간다

밤새 내려온 산이
아침 강안에 들면
뭉게구름 산새들 술래가 되는 곳

간혹 불어난 강물은
사람들 욕심처럼 무거워

몸을 뒤집을 때면

우리를 애태우기도 하지만
배신한 적 없다

오늘도 어머니 같은 강이
만경평야 너른 들에 젖을 물리니

들이 자라고 우리가 사네

-「만경강」 전문

"어두운 밤에도 강은 흘러 / 넘어진 별들을 보듬고 간다". 이 대목은 절구 중에 절구이다. 사람들이 잠든 한밤중에도 쉬지 않고 흐르는 강물의 속성만을 얘기하는 것이 아니라 "별들을 보듬고 간다"라는 표현은 고도의 상상력과 시적 영감 없이는 누구도 쉽게 흉내 내지 못할 시적 형상화이기 때문이다.

이뿐만 아니라 "몸을 뒤집을 때면", "만경평야 너른 들에 젖을 물리니" 같은 표현도 시의 품격을 올려주는 고난도의 수사이다.

고향에 대한 따뜻한 그리움을 "산수유 꽃 만나던 날"에서도 만나게 된다.

그리움 짙어지면
향수마저 봄이 되나

맨 먼저 꽃소식 전하려고
양지 따라 숨 가쁘게 달려왔을
산수유꽃 반가워 고향으로 머리 두르면

지금쯤 다랭이논 언덕에는
아지랑이 가물거리고
울타리가 품었던 개나리들
어미닭 뒤따르는 병아리들처럼 피어날 텐데

앞산 진달래
눈 비비고 일어나
분홍 기지개 켜고 뒤돌아보면

나도, 꽃물들 수 있을까?

-「산수유 꽃 만나던 날」부분

  이 시는 개나리가 노란 병아리들처럼 피어나고 진달래가 눈 비비고 뒤돌아오면 "나도 꽃물들 수 있을까?"라고 물으며 시를 맺는다. 물론 이 물음은 자아에게 향해 있음을 어렵지 않게 알 수 있다. 산수유 꽃과 개나리, 진달래의 색채 이미지가 눈앞에 펼쳐지는 효과를 낳는 이 시는 화폭으로 치면 수채화나 파스텔화로 그려질 것이다. 그만큼 섬세하고 아련하고 예쁜 그리움이며 향수이다. 더욱이 시적 화자는 자신도 "꽃물" 들고 싶다는 내적 소망을 드러내고 있는바 이는 고향과 꽃과의 합일을 소망하는 것이다.

  최 시인의 고향에 관한 일련의 시들을 들여다보면 정지용의 향수가 떠오른다. 우리에게 잘 알려진 정지용의 향수에 버금가는 고향에 대한 에스프리가 독자의 마음을 사로잡는다.

  최 시인의 다음 시에서 나타나는 향토적인 면모 또한 고향의 구수한 정서를 더해 준다.

언젠가 우리 아부지 생신 날, 김제 사시는 둘째 성님은 치질을 앓으라 못옹께 성수님만 오셨는디, 반주 멧 잔에 거나해진 우리 아부지 메누리 헌티 단방 약을 처방 허시는디 "야, 김제 애야" "예 아부님" "거시기 뭐냐 허면 말여 집에 가거들랑 잽싸게 건재국에 가서 바우손(卷柏) 좀 사다가 말여 가마솥에 물 닷 되쯤 붓고 말여서 되쯤 되게 푹 달여서 요강에 쏟아 붓고는 말여 걸터타고 앉아서 짐을 쐬는디 식기를 기다렸다가 하루에 서

너 차례씩 한 사날 계속 허면 깨까시 나설팅께 잊어부리지 말고 싸게 혔으면 쓰겄다. 알아들었냐?" "예 아부님" 성질 급한 우리 아부지 자식이 아푸당께 싸게 나섰으면 혀서 오래 전 귀담아 들었던 기억을 더듬어가며 찬찬이 말씀 하시는디 말끝 메다 "말여" 소리를 혀 싸싱께 어른께서 허시는 말씀인지라 소리 내서 웃을 수도 없고, 눈물이 쏙 빠지도록 배꼽을 부여잡고 있었는디…… 어메! 죽것다. 인제 다 끝났능가 싶었는디 형수께서 "아멘" 허시는디, 깨딱혔으면 그때 우리 가족들 참말로 배꼽 다 빠져나갈 뻔 혔당께!

-「아버지 약방문」 전문

「아버지 약방문」은 최 시인의 토속적이고 향토적인 시세계를 한눈에 보여주는 시이다. "약방문"이란 약을 짓기 위해 약 이름과 분량을 조목조목 적은 종이로 아버지가 알고 있는 민간처방을 구수한 사투리로 구사하신 것을 시화함으로써 다양한 문체와 풍부한 시어들을 동원하여 전통 서정의 예술성을 극대화 시키고 있다.

2. 가족이 곧 시가 되는, 평범 속 비범의 시적 승화

최병관 시인의 시에 고향이 중심이면 시인의 마음

속 중심에는 아버지, 어머니가 있다. 최 시인은 자다가도 아버지만 생각하면 의관을 고쳐 맬 만큼 엄격한 가정교육 환경에서 유년을 보냈다. "제 모습 잃지 않고 / 살아가는 대나무처럼" "스스로 뱉은 말과 행동을 / 책임 질 줄 알아야 한다던 아버지"는 "오늘도 천년처럼 푸"른 "대나무"로 각인되어 한시도 잊지 않고 명심하며 살아간다. 시인 자신 또한 지금은 연만한 나이가 되었지만 지금도 아버지의 존재는 퇴색되지 않는다.

옹이진 마디마다
올곧게 세운 뜻
제 모습 잃지 않고
살아가는 대나무처럼

스스로 뱉은 말과 행동을
책임질 줄 알아야 한다던 아버지

언젠가 동네에 초상이 났을 때
농번기라 어린 내가 호상을 본 적이 있다

정산할 돈이 모자라자
돈 앞에는 냉정해야 한다며

표 나지 않게 메꾸어 주셔서 부끄럽지 않은
얼굴을 지니고 다닐 수 있었다

언행이 바르지 못해
조상을 욕 되게 하는 것이
불효다 하시던 아버지의 훈계처럼

우리 집 뒤란의 대나무는
오늘도 천년처럼 푸르다

-「대나무」 부분

"아버지를 닮은 / 늙은 아들"인 시인의 모습에서 아버지가 언뜻언뜻 보인다. "좋은 씨 밤은 가진 것에 만족할 줄 알며 / 홍익인간의 뜻을 세울 수 있도록 / 쌓은 덕이 후손들의 울타리가 되어야 한다"는 말을 아버지의 기일인 오늘 "아버지 생전의 그 말씀을" 시인 자신이 전해야 하는 것이다.

오늘은 아버지 기일

아버지를 닮은
늙은 아들이 아랫목에 앉아

밤을 치며 생전의 어버이를 생각한다

아버지 말씀이
제사(祭祀)는 4대 봉사(奉祀)를 하는데
명절에는 신주(神主)를 모신 사당에서 차례를 지내고

기일(忌日)에는 신주를 안방이나 거실에
모셔다 제사를 지내는 것이다 하셨다

신주(神主)는 밤나무로 만드는데
밤나무는 열매를 맺기 전에는
벌레가 타지 않고 씨 밤이
뿌리에 달려 있기 때문에 대를 이어
자손이 번창할 것을 바라는 뜻이다 하시며

퇴색되어가는 예절을 한탄이라도 하듯
쯧쯧쯧 혀를 차시더니

내가 좋은 씨 밤이 되어야
좋은 가문을 이룰 수 있는 것이다

좋은 씨 밤은 가진 것에 만족할 줄 알며
홍익인간의 뜻을 세울 수 있도록

쌓은 덕이 후손들의 울타리가 되어야 한다시며

　　음복 때면 잘생긴 밤 한 줌씩
　　꼬-옥 쥐어주시던 아버지

　　아버지 생전의 그 말씀을
　　오늘은 내가 대신 전해야 합니다.

　-「씨 밤」 전문

　아버지가 엄격하신 반면 어머니는 한없이 너그러우셨다. 어려서부터 늘 잔병치레를 해온 시적 화자, 어머니는 늘 마음 졸이며 노심초사하셨다. 이제는 "재가 되어 훨훨 날아간 / 어머니의 빈 자리"는 너무도 크건만 어머니는 "불러도 불러 봐도" 대답이 없으시다.

　　잔병을 달고 살던 애물단지를
　　품다가 품다가
　　재가 되어 훨훨 날아간
　　어머니의 빈자리

　　이제는 닳아버린 지문처럼
　　기억조차 희미해지는데

아직도 보채듯이
불러보는 어머니……

계신 곳이 너무 멀어
못 들으시나
소리도 보듬어야
노래가 된다는데

불러도 불러 봐도, 덩그러니
그리움만 자라는 귀

-「사모곡(思母曲)」 전문

어머니를 다시 볼 수 없고 어머니의 음성 또한 들을 수 없지만 어머니가 열어주신 "가르마 같은" 반듯한 길을 따라 어머니의 "발꿈치를 밟아가며 / 새로운 내(我)가 되는 것"을 터득하고 "지금 걷고 있는 / 이 길도 등골이 드러나게 / 단단해져야 길손이 드는 거라는 어머니"의 말씀을 새기며 지금까지 모범적인 인생길을 가고 있다.

닭 우는 소리에
수산 입구까지 마중 나온 어머니

'어서 오너라.'

치맛자락 거머쥐고
"따라 오너라" 가르마 같은
길을 열어 주신다.

꽃피고 열매 맺는 것과
살아 움직이는 생명들이

당신의 발꿈치를 밟아가며
새로운 내(我)가 되는 것을

덩치 큰 소나무
몸집 불리느라 살갗에 난
생채기 아물도록 어루만져 주시고

키 작은 도토리나무도
어서 꽃 피고 열매 맺으라고
머리를 쓰다듬으며 격려하신다.

지금 걷고 있는
이 길도 등골이 드러나게
단단해져야 길손이 드는 거라는 어머니

오늘도 도토리 묵밥 같은
묵언의 경전을 가슴에 새기며
새벽길을 걷고 있다.

-「수산(壽山)을 걸으며」 전문

　최 시인의 가족에 대한 사랑과 연민의 시는 "스물아홉 청상으로 / 삼남매의 장래를 책임져야 했"던 "누님"의 서사적인 사연을 네러티브 형식을 담아 시화한 「소쩍새 우는 밤」, "해질녘 하루의 고단함을 / 이야기 고삐에 매어 달고" "오손도손 밭둑길 걸어 / 집으로 가는 길" "등 뒤에서 비춰주는 햇살이 / 하루의 고단함을 달래준다"는 「형과 형수」 그리고 「아내의 그릇장」에서도 그려진다. 평범한 가족관계, 일상적 삶에서 길어 올린 문학성 탁월한 작품들이다.

3. "연필로 짓는 글 집" 같은 세상살이

　최병관 시인의 시선이 고향이나 가족에게만 국한되어 있거나 머물러 있지는 않다. 최 시인의 가장 큰 장점이며 가장 시인다운 면모는 "서정성"이다. 맑게 바라보고 깊게 사색하는 몰입뿐만 아니라 세상을 대하는 최 시인만의 세계관이 시의 곳곳에서 보석처럼 빛

나고 있다.

   빈 손으로도 불편하거나 탐심이 없던
   그 시절이고 싶습니다

   계절 따라 산과 들이 새 옷을 갈아입고
   시냇물과 새들이 어울려 합창을 하던 곳

   어젯밤 꿈에 그대와 내가 잡은 손에
   웃음 꽃 피워놓고 냇물에 빠진
   별을 줍던 곳

   -「담보실」부분

  최 시인이 바라는 유토피아는 바로 "어젯밤 꿈에 그대와 내가 잡은 손에 / 웃음 꽃 피워놓고 냇물에 빠진 / 별을 줍던 곳"이다. 그곳은 시인의 고향 어디쯤 지명으로 보이는 "담보실"이다. 담보실은 고향의 지명일 수도 있고 모두가 소망하는 "탐심" 없는 순수 이상 세계일 수도 있다.

  최 시인이 천생 시인인 것은 「제야의 종소리」에서 "한 줄의 글귀라도 얻는 날은 / 쉴 만한 계곡이나 시냇가에 발 담그고 / 산새들 노래와 물소리 장단에 삿갓도 되어보고, / 소월이 되어 인생의 참맛을 누려보련다."라는 대목에서 또렷하게 나타난다.

"기쁨의 모서리가 헐어 / 까맣게 문드러질 때까지 / 주머니에 넣고 다니며 / 읽고 또 읽었던 너의 편지"(「편지」)의 시적 화자의 때 묻지 않은 고운 서정이 시의 예술성을 뒷받침하고 있다.

최병관 시인의 작품 중에 다음에 인용되는 「연필로 짓는 글 집」은 최 시인의 인생관 세계관을 가장 잘 표현해주는 명시이다. 죽는 날까지 인생은 미완성이며 인생은 영원한 아마추어이다. 우리는 사는 동안 늘 처음을 접한다. 처음으로 학교에 들어가는 것, 처음으로 누군가 사랑하게 되는 것, 취업, 결혼, 그 외에도 늘 처음으로 부딪혀보며 처음으로 경험해 보는 것의 연장선상에 우리 인생이 놓여 있다. 마치 "처음 써보는 받아쓰기처럼"…

그러나 "아는 것보다 / 모르는 것이 더 많"아 "익숙지 않"고 서툴다. 그러나 "연필로 짓는 글"은 괜찮다. "몇 번을 고쳐 지어도 / 흠이 생기지 않기에" 잘못 쓴 것은 다시 고쳐 쓰면 된다. "연필로 짓는 집을 드나들며 / 휘파람처럼 살"아갈 수 있으니까.

아는 것보다

모르는 것이 더 많고
배운 것도 제대로 익숙지 않아

먹이나 잉크로
글 집을 지으려면
누더기집이 되지만

연필로 짓는 집은
몇 번을 고쳐 지어도
흠이 생기지 않기에

나는 오늘도
연필로 짓는 집을 드나들며
휘파람처럼 살고 있습니다

-「연필로 짓는 글 집」 부분